Wuppertal, den 12. Juni 1970

Herrn Dieter Wienhöfer und
Frau Anette, danken wir
für den Bericht der Rückreise
und wünschen Herrn Wienhöfer
zum Ehrenring des Pöstle —

Freundlichst
Familie Weyer u.
Helmut Christel Rüth

Pies/Dams Das Röderhaus

Eike Pies

Das Röderhaus

Fotografie Vok Dams

Staats-Verlag Wuppertal

ISBN-Nr. 3/87770/006/3
Printed in Germany. Layout: Ursula Dams

Die Röders

Das Atelier ist für den Künstler die Werkstatt, in der er Wirklichkeit und Visionen in Farbe und Form umsetzt. Hier entstehen seine Bilder, seine Plastiken und Objekte.

Jedes Künstleratelier hat eine besondere Atmosphäre, geprägt durch den Menschen, der hier seine Ideen Gestalt werden läßt.

Will man also den Kunstschaffenden und sein Werk genauer kennenlernen, so am besten in seiner Werkstatt.

In Wuppertal gibt es viele Ateliers. Daß sich nun gerade hier so zahlreiche Künstler verschiedenen Genres niedergelassen haben, mag einmal in der geographisch reizvollen Lage der Tal-Stadt begründet sein, zum anderen an der Tatsache liegen, daß es hier eine Werkkunstschule gibt, an der viele Künstler lehren – so Professor Ernst Oberhoff und Rudolf Schoofs – und aus der viele Künstler hervorgegangen sind – wie Gerd Hanebeck oder Peter Paulus.

Weit über hundert Kunstschaffende findet man im Tal. Sie haben sich entweder in losen Gruppen zusammengeschlossen – zum Ring Bildender Künstler (rbk) und zur Bergischen Kunst-Genossenschaft (bkg) – oder arbeiten frei. Da sind die Maler Gerber, Priebe, Rabasseda, Reckewitz, van Santvoort, Peter Schmitz, Überholz (Karl Hermann), Wellershaus, Wächter und Wohlfeld, der Grafiker Kresse, die Holzschneider Dirx, Geißler und Reimers, die Bildhauer Hiby und Jendritzko, um nur einige anzuführen.

Eine Besonderheit unter den Malern im Tal stellt die Familie Röder dar: sie hat nicht weniger als fünf Künstler hervorgebracht. Ihr Haus ist Treffpunkt für viele Kunstschaffende und -freunde, Schauspieler und Journalisten, die sich hier zu einem gemeinsamen Gespräch begegnen. Vor allen Dingen ist es aber auch ein Treffpunkt der internationalen Kunst, wie viele Ausstellungen in mehr als zwölf Jahren bewiesen haben.

Das Röderhaus ist heute mit seiner siebzigjährigen Tradition ein festverankerter Bestandteil im Wuppertaler Kulturleben und von hier nicht mehr wegzudenken.

Die Familie Röder stammt ursprünglich aus der oberhessischen Berglandschaft. Die erste urkundliche Erwähnung findet sich in den Kirchenbüchern von Breidenbach, Kreis Biedenkopf. Danach wurde ein Johannes Röder 1623 in Niederhörlen geboren. Zur Zeit des 30jährigen Krieges kamen Soldaten nach Hessen, die brandschatzend Dörfer und Gemeinden heimsuchten. Dabei wurden alle Kirchenbücher vor 1620 vernichtet.

Etymologisch kann man den Namen Röder von „roden" (reuten) ableiten. Der Roder machte das unwegsame Gelän-

de urbar und erschloß es für den Acker-
bau. Nach der Überlieferung gab der
kurhessische Graf seinen Untertanen
Wald zum Roden, den sie mit dem dar-
auf erstellten Wohnsitz als Eigentum erhielten und dessen Boden sie nutzen
durften. Schon verhältnismäßig früh
waren die Röders zu einem gewissen
Wohlstand gekommen. 1699 stiftete
Johann Daniel Röder, der Ururgroß-
vater Georg Röders, der Gemeinde
Niederhörlen eine Abendmahlskanne,
die noch bis zum Ende des letzten Welt-
krieges in dortigem Besitz war und dann
durch die Kriegswirren verlorenging.
Der letzte in Niederhörlen geborene Röder war Johannes, der Vater Georg Röders, der am 28. Februar 1830 das Licht
der Welt erblickte. Johannes Röder er-
lernte das Schneiderhandwerk und kam
mit einundzwanzig Jahren zum 1. Hessischen Reiterregiment. 1880 schied er
als berittener Gendarm 1. Klasse aus
dem Großherzoglichen Gendarmerie-
korps aus. In Butzbach heiratete er Susanne Steinhäuser, mit der er nach
Gießen zog und ein eigenes Haus baute.

Als zweites von insgesamt sechs Kindern wurde Georg Röder am 25. Dezember 1867 in der Löwengasse zu Gießen als ältester Sohn von Johannes Röder und Susanne Steinhäuser geboren. Den frühen Kritzeleien des Buben schenkten die Eltern nicht weiter Beachtung. Er selbst schrieb in seinen Aufzeichnungen (Privatdruck Konstanz 1945): „Die alte Universitäts- und Garnisonsstadt Gießen, mit schmalen Straßen, engwinkligen Gassen, malerischen Fachwerkhäusern, machten mein Auge früh empfänglich für die Schönheit und den Reiz meiner Vaterstadt."

Der kleine Georg beschäftigte sich in seiner Freizeit mit Farbstiften und Wasserfarbkästen. In der Schule war ihm der Zeichenunterricht der liebste. Schon morgens früh vor Beginn der Schule besuchte er einen mit den Eltern befreundeten Maler in seinem Atelier und nahm bei ihm den ersten „Privatunterricht". Hier auch reifte der Entschluß, selbst Maler zu werden – gegen den Rat der Eltern, die ihn lieber in einem bürgerlichen Beruf gesehen hätten.

Mit 14 Jahren verließ Georg die Realschule und nahm eine Lehrstelle in der Lithographie- und Steindruckerei von Loos und Reinecke in Gießen an – eine solide Grundlage für den später freien Künstler. Als Lithograph kam er 1885 nach Barmen und arbeitete bei der Firma Hyll und Klein. Hier lernte er Landschaftsdarstellungen aus der Vogelperspektive kennen, Vorläufer unserer heutigen Luftaufnahmen. Auf seinen Reisen durch Deutschland, die Niederlande, Luxemburg und Belgien entstanden seine Vogelschauskizzen, die er für Plakate und Weinflaschenetiketten verwendete.

Mit Selma Lauer aus Barmen schloß Georg Röder 1891 den Lebensbund. Drei Söhne gingen aus dieser Ehe hervor: Helmut, der älteste, der Lehrer werden wollte, fiel 1916 bei Chateau-Salins. Die Söhne Paul und Adolf Röder wurden Maler.

Seit 1890 hatte Georg Röder ein eigenes Atelier in Barmen und lebte hier als freischaffender Künstler. An der Barmer Kunstgewerbeschule arbeitete er bei den Professoren Fahrenkrog und Wiethüchter. In den Jahren vor dem Bau der Schwebebahn 1898 waren die bergischen Häuser und die Garnbleichen an der Wupper seine bevorzugten Motive.

Nach dem Ersten Weltkrieg wandte sich Georg Röder der Buchillustration zu. Motive aus der Südsee waren Vorlagen zu Bildern, ohne daß der Künstler selbst dort gewesen war. Der Vielbelesene erwarb sich die Kenntnisse auf Völkerschauen, im Zirkus und durch Erzählungen der Missionare, die ihn in seinem Atelier besuchten. Während er im

Schwarzwald in Marxzell malte, machte er sich mit Prof. Hans Thoma bekannt. Seine Vorliebe für Volksfeste bewahrte Georg Röder bis ins hohe Alter – noch der achtzigjährige Maler saß mit einem Zeichenblock auf dem Rücken eines Holzpferdes und fuhr den ganzen Tag Karussell.

Georg Röder zeichnete viel; überall fand er Bemerkenswertes: in der Natur, die ihm Anregungen für Tierstudien und Landschaftsimpressionen lieferte, aber auch im D-Zug Warschau – Paris, wo schlafende Frauen ein lohnendes Motiv boten. Öl- und Temperabilder entstanden neben Aquarellen. Georg Röder suchte jetzt seine Motive vorwiegend in den Bergen und am Meer. Sie lösten die Idylle der bisher gezeichneten Mittelgebirgslandschaften ab: reizvolle, großräumige Landschaften präsentieren sich in impressionistischer Manier. Das Reisen wurde ihm zum Bedürfnis, und dabei gewann er die entscheidenden Eindrücke, die ihn zur Komposition seiner Landschaften veranlaßten, die nie Abbild der Natur sind, sondern aus der schöpferischen Ideenwelt nach der Natur entstanden sind. Natur und Kunst wußte er gesetzmäßig zu verbinden und mit eigenem Schriftzug zu versehen. Er selbst schrieb einmal: „Was ich erstrebe ist nicht, die Natur in allen Einzelheiten nachzubilden. Das Charakteristische und Harmonische im Aufbau und das Atmosphärische in einer Landschaft, das suche ich."

Er malte bei Sonnenaufgang und bei Sonnenuntergang. Der Tageswechsel, das Spiel der Farben im schnell sich verändernden Licht reizte ihn zu künstlerischer Gestaltung. Seine atmosphärischen Landschaftsbilder, die er mit einigen wenigen Figuren belebte, brachten ihm den Titel „Maler der deutschen Landschaft". Der Erfolg stellte sich nach dem Ersten Weltkrieg ein. Georg Röder wurde auch außerhalb Wuppertals zum Begriff.

Ausstellungen auf Ausstellungen folgten: von Berlin bis München, von Amsterdam bis Konstanz.

Von 1924 bis 1932 entstanden die Titelseiten für die Zeitschrift „Dä Pottkieker" im Barmer Staats-Verlag und Buchillustrationen für den Bertelsmann-Verlag. Als 1943 sein Haus auf dem Sedansberg in Schutt und Asche fiel, verlegte Georg Röder seine Malerresidenz nach Süddeutschland. Im „Bären" auf der Insel Reichenau im Bodensee erstellte er ein neues Atelier. Hierhin kam auch der Wuppertaler Bildhauer Carl Moritz Schreiner. Am gegenüberliegenden Ufer hatten Professor Dix und Erich Heckel ihre Häuser. Hier auch knüpfte er freundschaftliche Bande mit dem Tier- und Landschaftsmaler Professor Otto Dill und dem Inselmaler Schneider-Blumberg. Erst 1950, als sein Sohn Adolf das Röderhaus in Barmen neu aufbaute, kam er nach Wuppertal zurück.

Noch der neunzigjährige Georg Röder stand täglich in seinem Atelier vor der Staffelei und arbeitete an seinen Bildern. Abends saß er unter den zahlreichen Gästen im Röderhaus, trank einen Schoppen Rotwein und spielte gelegentlich auf seiner Zither. Zu den aus Bayern gesammelten Volksweisen machte er manchmal schalkhaft seine eigenen Texte.

Drei Tage vor seinem Tod malte er noch ein Blumenbild. Am 7. September 1958 starb der fast einundneunzigjährige Maler Georg Röder in seinem Atelier.

Heute befinden sich seine Werke in Museen, Galerien und Privatbesitz in Deutschland, den Niederlanden, Spanien, Italien und Amerika. Zahlreiche Ehrungen und Ehrenmitgliedschaften wurden ihm zuteil. 1957 erhielt der „Nestor der bergischen Künstler" den Ludwig-Lindner-Preis in Wuppertal und die Ehrennadel des Oberbergischen Künstlerbundes. Seine Geburtsstadt Gießen ehrte ihn durch den Straßennamen „Röder-Ring", und auch Wuppertal will demnächst im Nordpark einen „Georg-Röder-Weg" seinem Gedächtnis widmen.

Paul Röder wurde als zweiter Sohn des Malers Georg Röder und seiner Frau Selma am 8. Dezember 1897 in Barmen geboren. Nach dem Realgymnasium besuchte er das Lehrerseminar in Hattingen, um Zeichenlehrer zu werden. Der Erste Weltkrieg unterbrach die Ausbildung. 1918 arbeitete er im Atelier des Vaters und besuchte die Kunstgewerbeschulen in Barmen (Professor Wiethüchter), in Elberfeld (Professor Bernuth) und die Kunstakademie in Düsseldorf (Professor Alberts). Bereits 1919 wurde die erste Kollektivausstellung von Paul Röder in der Ruhmeshalle in Barmen durch Dr. Reiche arrangiert.

Sein erstes Atelier richtete Paul Röder 1922 in Düsseldorf ein. Im gleichen Jahr heiratete er Elly Mischke und unterrichtete an Gymnasien in Cronenberg, Düsseldorf und Essen. Nach dem Tod seiner ersten Frau heiratete er 1928 Carol Stöffl, mit der er 1932 in Essen ein eigenes Haus mit Atelier baute. Elf Jahre später zog er nach Unterthingau im Allgäu. Wie alle Röders suchte er die Natur, die ihm Lehrmeister war.

Die Bilder Paul Röders sind Sprengstoff in Farben und Formgefüge. Im Anfang noch impressionistischer Malweise verbunden, ging er bald zu großflächigen Landschaftsbildern über, die man am besten als „gegenständliche Abstraktionen" bezeichnet. Die Abstraktion des Gegenständlichen geht in seinen Bildern nie so weit, daß man die Grundstruktur des Gegenstandes selbst nicht noch erahnen könnte. Das Atmosphärische in seinen Kompositionen teilt das Wesentliche mit und überläßt dem Beschauer eine wohltuend breite Skala des Sicheinfindens in das Phantastische, in Farb- und Formvisionen. Paul Röder kann als der „Dramatiker", Georg als der „Lyriker" und Adolf als der „Epiker" in der Maler-Familie bezeichnet werden.

Das Haus Paul Röders im Allgäu – wie könnte es bei einem Röderhaus anders sein – stand den Musen offen. Hier wurden Hauskonzerte und Dichterlesungen veranstaltet, hier diskutierte er an langen Winterabenden mit seinen Malerfreunden, die ihn aus Wuppertal, Düsseldorf und wer weiß woher besuchten. Sie alle schätzten den Rat des Künstlers, der nicht viel Aufhebens von sich und seiner Malerei machte. Die Abende waren ausgefüllt mit gutem Essen, einer Flasche Wein und dem gemeinsamen Fachsimpeln über die Künstler, die gerade „en vogue" waren. Dazu stopfte Paul Röder seine Pfeife, und seine Freunde hatten bald das Gefühl, schon ewig dort zu sitzen und sich zu unterhalten.

Ab und zu kamen auch einige Dorfbewohner zu ihm hinauf, um von ganz anderer Warte mit ihm zu fachsimpeln, denn Paul Röder war Besitzer von drei Milchschafen, einigen Hühnern, zwei grauen Schnauzern und einem Bienenstock.

1958 bezog er ein neues Domizil in Marktoberdorf. Im gleichen Jahr erhielt er in Anerkennung seines künstlerischen Schaffens das Bundesverdienstkreuz am Bande. Vier Jahre konnte er noch in seinem neuen Atelier arbeiten. Am 14. September 1962 starb Paul Röder an einem Herzinfarkt in Marktoberdorf.

Adolf Röder, der jüngste Sohn Georg Röders, wurde am 5. November 1904 in Barmen geboren. Er hatte sich wie sein Bruder Paul seinen Beruf nicht erst erkämpfen müssen. Im väterlichen Atelier lernte er mit Zeichenstift, Farbe, Pinsel und Leinwand umzugehen. Bei den Professoren Bernuth, Schreiber und Wiethüchter erhielt er sein handwerkliches Rüstzeug.

Doch mit „hoher Kunst" ist allzeit schwerlich Geld zu verdienen. So verlegte sich der junge Eleve auf die Gebrauchsgrafik und arbeitete als Volontär beim Wuppertaler Stadt-Anzeiger, leitete dann das Atelier des Staats-Verlages und war später in der grafischen Kunstanstalt von Ernst Klein tätig, ohne dabei jedoch sein eigenes künstlerisches Schaffen zu vernachlässigen. Die vielen Reisen mit Vater und Bruder vermittelten ihm entscheidende Eindrücke, die ihn zur künstlerischen Umsetzung realer Vorgänge inspirierten, wie seine „Dalmatinische Reise" (1955) beweist.

Den Krieg, in den er aus gesundheitlichen Gründen nicht mit der Waffe ziehen mußte – wie er heute augenzwinkernd erzählt – hat er mit Zeichenstift und Pinsel überstanden. Als 1943 sein Elternhaus in der Sedanstraße ausgebombt wurde, zog er mit seiner Familie und den vielen Bildern, die aus dem Röderhaus gerettet werden konnten, nach Gstad am Chiemsee. Dort baute er einen alten Getreidespeicher zum Atelier aus. Aber gleich nach dem Krieg kam er wieder in seine Heimatstadt Wuppertal zurück. Der damalige Oberbürgermeister Thomas hatte betont, daß „es im Interesse der Wuppertaler Öffentlichkeit liegt, daß Adolf Röder sein Haus wieder aufbaut und seine Kunstwerke von Bayern wieder zurückholt" – und das geschah dann auch.

Um den Kontakt und das Gespräch mit den Künstlerfreunden wieder aufleben zu lassen, gründete Adolf Röder 1946 mit einigen Freunden die Gruppe rbk, deren Vorsitzender er noch heute ist. Er, der so viele Geschichten erzählen kann, braucht das Gespräch und die geistige Auseinandersetzung, um sich zu informieren und mitzuteilen. Abende mit ihm werden zu Erlebnissen, die man nicht so schnell vergißt. –

Adolf Röder ist ein Nachtarbeiter, der seine Eindrücke frühmorgens in der Natur („Vor Sonnenaufgang ist sie noch jungfräulich!") mit dem Zeichenblock auf den Knien mit wenigen Strichen festhält und dann bei künstlichem Licht in seinem kleinen Atelier hoch oben unter dem Dach des Röderhauses zu endgültiger Form gestaltet. Er legt sich nicht fest, läßt sich von allem und jedem inspirieren, werkelt an neuen, für ihn relevanten und der Aussage adäquaten Materialien, verarbeitet Sand, Kunststoff, Nägel und Schrauben in seinen Collagen und Objekten, die sich als plastische Bildflächen dem Betrachter entgegengedrängt.

Neben diesen Materialbildern entstehen Landschaftszeichnungen und -malereien von feinnerviger Subtilität – eine thematische Vorliebe in dieser Familie, die sich von Georg über Paul und Adolf bis zu Helmut verfolgen läßt. Die Bezeichnung „Reisemaler" ist für die Röders wohl zutreffend.

Bei der Arbeit, oder auch bei einem „ernsthaften" Gespräch mit Freunden, trinkt Adolf Röder Fruchtsäfte, manchmal ein Glas Campari oder obergäriges Bier. Dazu raucht er dünne, schwarze Zigarillos. Am liebsten trägt er Rollkragenpullover. Nie fehlt das besondere Attribut, das zu Adolf Röder gehört wie der Hut zu Beuys: eine silberne Kette, die um den Hals gelegt und auf dem Bauch zusammengeknotet ist – und die endlich in der Hose verschwindet. Eingeweihte wissen, daß an deren unterem Ende ein Medaillon mit einem Stein, ein Fruchtbarkeitssymbol, hängt.

Nicht nur die Bilder seiner engeren Freunde stellt Adolf Röder in seinem Haus aus, er holt auch Künstler aus aller Welt zu sich in seine Galerie. Die ersten Kontakte wurden 1955 mit jugoslawischen Malern aufgenommen. 1958 zeigte die Galerie Palette im Röderhaus in Verbindung mit der Gruppe rbk die erste Ausstellung polnischer Künstler in der Bundesrepublik. Es folgten in immer kürzeren Abständen Ausstellungen von russischen, amerikanischen, japanischen, türkischen, rumänischen und tschechoslowakischen Künstlern, um nur einige Nationalitäten zu nennen.

Adolf Röder holte die weltweite zeitgenössische Kunst ins enge Tal – und darum haben ihn manchmal sogar die großen Galerien anderer Städte beneidet. Dabei hat er immer mehr seinen Blick in östliche Richtung gelenkt. Den Kontakt zur westlichen Welt pflegten so viele, doch Adolf Röder holte die Kunst „hinter dem Eisernen Vorhang" nach Westdeutschland und machte sie hier zuerst bekannt.

Studienreisen nach Dänemark, Holland, Belgien, Italien, Österreich, Polen, Jugoslawien und die Schweiz haben ihn zu vielen Bildern angeregt; die nicht verkauften sind säuberlich in Mappen geordnet und katalogisiert aufbewahrt. Und das ist auch das Besondere an Adolf Röder: von genialer Unordnung, wie man sie bei vielen Künstlern erlebt, ist in seinem Haus nicht viel zu sehen.

Nach zwei Ehen – die erste mit Margret Wildberger, die zweite mit Grete Keil – heiratete er 1949 Eva Sendler, mit der er das im Krieg zerstörte Röderhaus nach eigenen Entwürfen wieder aufbaute.

1957 erhielt Adolf Röder den Lindner-Preis. Seine Bilder wurden auf vielen in- und ausländischen Ausstellungen gezeigt und sind heute sowohl in Privatbesitz als auch in öffentlichen Sammlungen vertreten.

Eva Sendler wurde am 30. Juli 1925 in Elberfeld als Tochter von Ernst Sendler und Elfriede Kampermann geboren. Sie stammt aus einer Handwerkerfamilie und wollte eigentlich gern Sängerin werden. Ihr Großvater war Patronenzeichner in einer Wuppertaler Weberei. Nach der Absolvierung der Handelsschule arbeitete Eva in einer Weberei in Elberfeld – was liegt in dieser Stadt näher? Dort wurde sie bis 1945 unter anderem auch mit Entwürfen zu Stoffmustern konfrontiert.

Auf einem Bahnsteig in Essen lernte sie Adolf Röder kennen. Ihr begegnete dort eine seltene Erscheinung inmitten der Kriegswirren: Adolf Röder in einem weißen Anzug, einen Panamahut auf dem Kopf, Glacéhandschuhe in der Hand und unter dem Arm eine große Mappe mit seinen Bildern. Auf dem Bahnsteig kam man ins Gespräch, freundete sich an. 1949, fünf Jahre danach, heiratete Eva Sendler den Maler Adolf Röder.

Zur bildenden Kunst hatte sie bis dahin wenig Beziehungen. Jetzt aber, durch den Kontakt zu verschiedenen Malern und durch die Bilder „ihrer drei Männer", Adolf, Georg und Helmut, wurde auch in ihr das Interesse an der Malerei geweckt. 1953 fuhr die Malerfamilie auf eine Studienreise nach Jugoslawien. Eva blieb allein im Röderhaus zurück.

Dort kam sie auf die Idee, selber einmal einen Pinsel in die Hand zu nehmen. In schneller Folge entstanden einige Bilder, die sie nach der Rückkunft der drei Röders in einer Mappe versteckt aufbewahrte. Es sind die sogenannten „Treppenbilder", abstrakt-vereinfacht, geometrische Formen, inspiriert durch die vielen Treppen im Tal.

Eines Abends vertraute sie sich und ihre Erstlingswerke dem alten Georg Röder an. Dieser redete ihr nach kritischer Beurteilung zu, weiterzumalen. Eva Röder arbeitete von nun an regelmäßig in ihrem neu eingerichteten Atelier im dritten Stock des Röderhauses.

Anregungen für ihre Malerei findet sie in der Natur: Pusteblumen auf einer Wiese im Sommerwind. Das Spiel der vielfältigen Bewegungen fasziniert sie. Hintereinander malt sie sechs Blätter: schwarze, offene Kreise von dynamischer Bewegung und durchsichtiger Leichtigkeit, die Reihe, die sie „Pu-Wis" nennt. Im wesentlichen ist Eva Röders Malerei von persönlichen Erlebnissen abhängig, die sie intuitiv gestaltet. Muscheln und Steine geben ihr Anregungen zu Bildern, die in ihrem organischen Formgefüge Konstellationen von undeutbarer Bewegung aufzeigen. Wenn sie eine Idee hat, die es künstlerisch zu verwirklichen gilt, ist sie hartnäckig. Fünf bis sechs Stunden Arbeit am Tag sind dann keine Seltenheit. Gegenstandslose Bilder entstehen in hellen Farben – wie ihre Gitter in der „Falazreihe". Deutlich ist hier ihre Nähe zur Ornamentik und zur Stoffmustergestaltung abzulesen. Manchmal setzt sie ihre Bilder augenfällig auf einen grobgewebten Stoffhintergrund.

Der Erfolg Eva Röders stellte sich gleich bei der ersten Ausstellung ihrer Bilder 1959 im Kunstpavillon in Soest ein; weitere Ausstellungen folgten. Obwohl sie

verhältnismäßig spät und zaghaft ihre
ersten malerischen Versuche begann,
zählt sie heute zu den wenigen Frauen,
die durch ihr Schaffen ein Wort im Chor
der bildenden Künstler im Tal mitreden
können.

Helmut Röder liebt die Volksfeste wie
sein Großvater Georg, denn hier – so
sagt er – kann er die Menschen mit ihren
typischen Eigenarten und Gewohnhei-
ten beobachten und kennenlernen.
Am 21. Juli 1938 wurde er in Barmen als
Sohn des Kunstmalers Adolf Röder und
seiner zweiten Frau, Grete Keil, geboren. Durch Vater und Großvater angelei-
tet, begann er mit fünfzehn Jahren zu
malen. Seine weitere künstlerische
Ausbildung erhielt er durch verschie-
dene Maler.
Eines Tages beschloß der Obersekun-
daner, das Hotelfach zu erlernen. In der
Einrichtung eines Abendrestaurants in
der Galerie Palette sah er eine Möglich-
keit, das Röderhaus attraktiver zu gestalten. Als Koch schloß er seine Lehre
im Essener Hof ab.
In der Malerei versucht sich Helmut Röder im Porträt, das sich in kräftigen Farben vorstellt. Es sind gegenständliche
Formen, die er aufs Papier setzt. Bald
findet er in der Landschaftsmalerei den
ihm gemäßen Gestaltungsbereich, den
er bis heute beibehalten hat. Mit Vater
und Großvater unternimmt er ausge-
dehnte Studienreisen, auf denen er
„Landschaft" sehen und erleben lernt.
Heute gibt ihm das Reisen fruchtbare
Anregungen für seine Malerei. Dort entstehen die meisten Bilder, die draußen
in der Natur vollendet werden. Leuch-

tende Farben durchdringen und über-
lagern sich. Manchmal wird die Farbe
durch Sand aufgelockert, die Fläche
strukturiert. Horizont und atmosphäri-
scher Bereich lösen sich auf. Landschaft wird jetzt als konzentrischer
Kreis abstrahiert.

Vom Kreis kommt er zur geometrischen
Komposition von Quadraten und Recht-
ecken, die sich durchdringen oder col-
lagiert scharf gegeneinander abge-
grenzt sind. Die durchgearbeiteten
Farbflächen erweisen sich selten mo-
nochrom und wirken in ihrer räumlichen
Durchsichtigkeit als unendliche Per-
spektive. Die Kunstharzfarben trägt er
mit einem Spachtel auf, um größere Flä-
chen zu gestalten. Daneben stehen
kleinformatige Tuschebilder, die sich
oft vom Thema und Motiv her skurril
geben.

Manchmal malt Helmut Röder auch spät
nachts, wenn der letzte Gast die „Palette" verlassen hat. Dann wird es ruhig
in dem sonst so lebendigen Haus. Jetzt
erst findet er die Muße, um sich beim
Malen zu entspannen. Die Nacht ist für
ihn meist kurz, denn morgens früh for-
dern seine beiden Söhne, Daniel und
Philip, ihr Recht. Helmut Röder ist seit
1965 mit Christel Pläcking verheiratet.
Ob sie auch eines Tages zum Pinsel
greifen wird, ist ungewiß – obwohl sie
heute beteuert, nicht malen zu wollen.
Bei den Röders weiß man das aber nicht
so genau.

Helmut Röders Bilder haben Anerkennung gefunden. Sie wurden in Deutschland und im Ausland ausgestellt. Viele
von ihnen befinden sich in öffentlichen
und privaten Sammlungen. 1966 wurden seine Bilder auf der 16. Biennale in
Sassoferato, Italien, mit der Goldme-
daille ausgezeichnet.

Das Röderhaus

1 Eingang des Röderhauses in der Sedanstraße 68/68a.

2 Lindenholzgruppe im ausklingenden bäuerlichen Barockstil aus Tirol vor dem Abendrestaurant.

3 Die Galerie Palette mit Arbeiten des rumänischen Ehepaares Peter und Ritzi Jacobi mit Blick in den Innenhof.

Der Wuppertaler Fotograf Vok Dams hat die Atmosphäre des Röderhauses, in dem Kunst und Architektur eine selten glückliche Verbindung eingegangen sind, mit der Kamera eingefangen. Hier sind es nicht nur Antiquitäten, die Sammlung von mehr oder weniger guten Bildern, Plastiken und Objekten mehr oder weniger bekannter Künstler, die dieses Privatmuseum zu einer einmaligen Einrichtung machen, es ist vor allen Dingen die Plazierung dieser Kunstgegenstände und ihre Anordnung in eine Architektur, die für diese Gegenstände geplant zu sein scheint. Altes und Neues stehen hier gleichwertig und ohne museale Verstaubtheit nebeneinander, wie auch der Geist dieses Hauses alte und junge Menschen zusammenführt.

Vok Dams hat die Motive ausgesucht und in einer Serie von sechsundvierzig Aufnahmen vorgestellt, die einen Gesamteindruck dieses Hauses vermitteln sollen. Die Fotografie als wesentliches Ausdrucksmittel unserer Zeit ist in diesem Buch nicht nur Wiedergabe der Gegebenheiten des Künstlerhauses, sondern stellt durch Vok Dams' Aufnahmen einen künstlerischen Eigenwert dar.

Das Röderhaus auf dem Sedansberg in Barmen ist eine der schönsten und interessantesten privaten Galerien, die heute in Deutschland zu sehen sind. Was dort an Bildern, Objekten und Antiquitäten zusammengetragen und in geordneter Unordnung ausgestellt wird, übertrifft bei weitem die Erwartung, mit der man in das Haus, das abends ab 19 Uhr geöffnet ist, eintritt. Hier kann man bis in die frühen Morgenstunden in gemütlicher Runde – oder auch bei ernsthaftem Gespräch – zusammensitzen.

1898 wurde das Gebäude in der Sedanstraße 68/68a von Christian Wagener erbaut und 1900 von Georg Röder, der 1901 sein Atelier in den Garten hinein anbaute, erworben. Nachdem es 1943 von einer Phosphorbombe getroffen wurde, brannte es bis auf die Grundmauern nieder. 1946 begannen Adolf Röder und Eva Sendler nach eigenen Entwürfen mit dem Wiederaufbau des Hauses, das 1966 seine heutige Form erhielt. Ursprünglich ein Privathaus, ist es jetzt ein Privatmuseum und Sitz des Rings Bildender Künstler (rbk).

Adolf und Eva Röder erhielten 1950 den „Weinzapf" für ihre Galerie, das heißt, das Recht, an ihre Künstlerfreunde Alkohol ausschenken zu dürfen. Dieses Privileg hat sich seit 1960 mit der Einrichtung eines Abendrestaurants im ehemaligen Atelier zu einem großen, eigenständigen Betrieb ausgeweitet, dessen Leitung heute in den Händen Helmut Röders liegt. Vor dem Eingang des Röderhauses steht eine alte Wuppertaler Gaslaterne. Geht man die Stufen hinauf und tritt durch die Tür, kommt man in die Garderobe, an deren Wänden hauseigene Nachrichten und aktuelle Galerieplakate aus ganz Deutschland hängen. Eine kleine Tür mit der Aufschrift „Comptoir" führt in das Büro. In der eingelassenen Vitrine daneben sind Antiquitäten ausgestellt, die man käuflich erwerben kann.

Durch eine Pendeltür kommt man in eine kleine Vorhalle. Hier beginnt die Treppengalerie; von hier führt eine Stiege hinunter in die Künstlerstuben und eine Tür ins Abendrestaurant. Durch einen Mauerdurchbruch geht es dann rechts in die Galerie Palette. Zwischen der Stiege in die Künstlerstuben und dem Abendrestaurant stehen ein Opferstock aus dem 16. Jahrhundert und eine Plastikgruppe aus Lindenholz im ausklingenden bäuerlichen Barockstil aus Tirol. Im Durchbruch zur Galerie bewundert man gegenüber einer Bar, die aus einem hessischen Himmelbett gefertigt wurde, einen alten Kamin aus dem Münsterland.

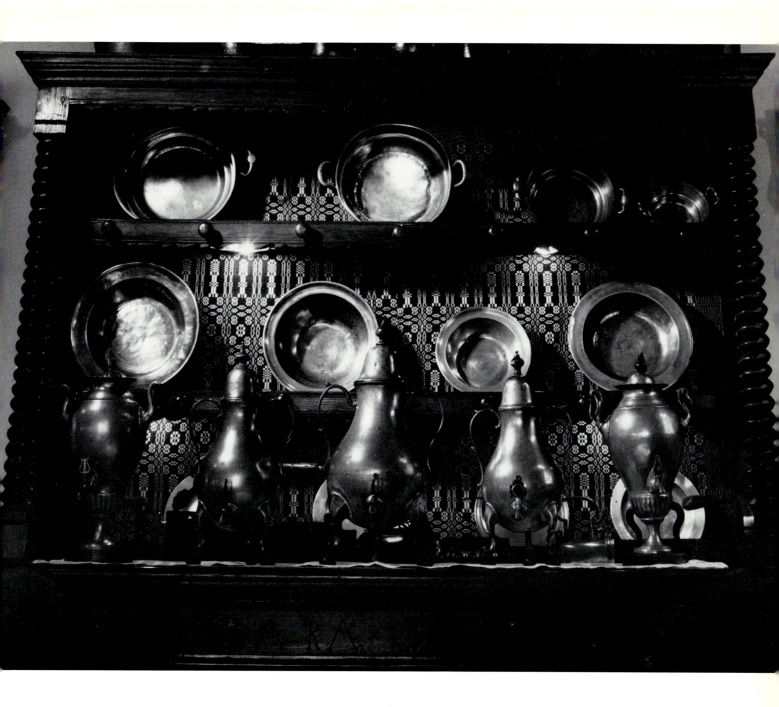

Die Galerie Palette mit ihren fünfzig Quadratmetern Grundfläche präsentiert regelmäßig Wechselausstellungen verschiedener Künstler und Kunstrichtungen aus Deutschland und vor allem der östlichen Welt. Auf der rechten Seite des Raumes führt eine geschnitzte Barocktür aus dem bergischen Land in die Küche. Die Tür ist in eine Fachwerkwand eingelassen, an der eine alte Gaslaterne angebracht ist. Eine bergische Truhe steht zwischen Tür und Stirnwand. Das der Fachwerkwand gegenüberliegende große Vitrinenfenster führt den Blick hinaus in den Innenhof, in dem man an lauen Sommerabenden gemütlich sitzen kann.

Seit 1955 zeigt die Galerie Palette in Verbindung mit der Gruppe rbk in regelmäßigen Wechselausstellungen Bilder und Objekte deutscher und vorwiegend osteuropäischer Künstler. 1958 wurde hier die erste Ausstellung polnischer Kunst in der Bundesrepublik arrangiert. Adolf Röder „findet" die Maler und Bildhauer meist auf seinen Reisen. 1970 waren in seiner Galerie unter anderem die Bilder des Tschechen Jaroslav Kralik, des Türken Oguz Firat und die Objekte des rumänischen Ehepaars Peter und Ritzi Jacobi neben Plastiken der deutschen Bildhauer Horst Ehlert, Kurt Beckmann, Kurt Sandweg und Hans-Jürgen Hiby im Innenhof der Galerie Palette zu sehen.

Durch eine Tür kommt man von der Galerie in den Innenhof, der rings von Mauern umgeben ist und der genug Platz für Ausstellungen im Freien bietet. Dazu kommt noch die Außenwand des Abendrestaurants, an die Objekte gehängt werden können. Dreimal wurde der Innenhof nach dem Krieg umgebaut, bis er seine endgültige Form erhielt. Der Platz vor dem Fenster zur Galerie ist mit einer Markise überdacht. Hier kann man im Sommer gemütlich sitzen, besonders abends, wenn die ausgestellten Kunstwerke sich durch viele Leuchtstrahler angeleuchtet von dem dunklen Blattgrün des bepflanzten Hintergrundes abheben. An der der Galerie gegenüberliegenden Seite findet man wieder eine von Strohmatten überdachte Sitzecke zum Ausruhen, neben der eine Voliere ihren Platz gefunden hat.

Bildhauerarbeiten gehören heute leider noch zu den Seltenheiten im deutschen Museums- und Ausstellungsbetrieb. Hier, in den Innenhof der Galerie Palette, passen sie hinein und entfalten ihren vollen Wirkungsbereich. Plastiken, besonders in ihrer monumentalen Präsenz, leben erst im Zusammenspiel mit der Natur. Eine Hiby-Holzplastik zum Beispiel ist mit einem Gewicht von fünfzehn Zentnern und einer Höhe von fast drei Metern in einem geschlossenen Raum undenkbar. Das Organische ihrer Formgebung wird draußen im Innenhof harmonisch in den Bereich ihrer natürlichen Umgebung eingepaßt.

Vom Innenhof kommend, betritt man hinter der Voliere das ehemalige Atelier, das zum Abendrestaurant mit fünfundvierzig Plätzen ausgebaut und in „Atelier" und „Bauernstube" aufgeteilt ist. Die beiden Räume sind durch das aus einem bergischen Webstuhl des 17. Jahrhunderts eingebaute „Service" getrennt und haben eine eingezogene Balkendecke. Hier sind an den Wänden vorwiegend bäuerliches Volksgut und frühe Arbeiten von Georg Röder, die um die Jahrhundertwende entstanden sind, zu finden. Alte Petroleumlampen geben ein warmes, gemütliches Licht. Körbe, Messing- und Kupferkessel hängen von der Decke.

Besonders zu erwähnen sind hier im Abendrestaurant die alten hessischen und bergischen Schränke, darunter ein besonders schöner „Kannenstock" mit altem Zinngeschirr, einige Wanduhren, eine Modelsammlung für Stoffdrucke, eine Bier- und Weinkrugsammlung, irdene bäuerliche Schüsseln aus Süddeutschland und einige Salzburger Barockengel. In der „Bauernstube" steht noch eine funktionierende bergische Wasserpumpe. Hier hängen auch die Fotografien der Künstler, die dem „Ring Bildender Künstler" angehören. Durch eine bergische Stalltür erreicht man wieder die Vorhalle.

16 Lindenholzplastik des Heiligen Wendelin aus dem 16. Jahrhundert in den Künstlerstuben.

17 Blick in die Künstlerstuben mit Wuppertals letztem Karussellpferd.

18 So gemütlich ist es in den Künstlerstuben zu jeder (Nacht-)Zeit.

19 Kommodenschrank aus dem 16. Jahrhundert (Süd-eifel) im „Studio".

20 Die Treppengalerie mit einem „Halbakt" von Karl Moritz Schreiner, dem „Kopf einer Tänzerin" von Ernst Hahn und Bildern von Paul Röder.

21 In der Treppengalerie mit zweiundsechzig Stufen werden einhundertfünfzig Arbeiten von Künstlern aus achtzehn Ländern gezeigt.

22 Blick vom „Studio" mit Bildern von Adolf Röder in die Treppengalerie; in der Mitte Marcel del Mottes „Die Menschheit marschiert".

Die Gastlichkeit dieses Hauses auf dem Sedansberg ist in jeder Hinsicht bemerkenswert. Jeder Gast wird von Adolf und Eva Röder mit Handschlag begrüßt und bekommt einen Tisch zugewiesen. Auf der Speisekarte findet man ein Steak „Otto Dix", mit bunten Früchten garniert, oder eine Eisbombe „Christel", der Helmut Röder, der sich seinen Gästen in weißer Kochmütze präsentiert, den Namen seiner Frau gegeben hat. Neben französischem Rotwein, spritzigem Rhein- oder herbem Moselwein kann man freitags auch ein kühles Bier vom Faß bekommen. Anschließend ist ein Platzwechsel in die Künstlerstuben zu empfehlen.

Im Souterrain liegen die Künstlerstuben mit dem „Afrika-Express" und dem „Farbtöpfchen". Hier hängen die von Georg Röder gestalteten Weinetiketten (1887) und Plakate, die um die Jahrhundertwende entstanden sind. Ein bayrischer Kachelofen aus dem 17. Jahrhundert und das letzte Wuppertaler Karussellpferd haben hier ihren Platz gefunden. Bemerkenswert vor allem die Lindenholzplastik des heiligen Wendelin aus dem 16. Jahrhundert und die „Schwebende Maria" aus dem Chiemgau, die aus dem 18. Jahrhundert stammt. An der Bar und der davorstehenden Faßgruppe kann man zu später Stunde in froher Runde ein „Ober" trinken und bergische Reibekuchen essen.

Im „Afrika-Express" hängen Georg Röders Sumatra- und Chinaskizzen, die farbigen Blätter für die „Herero-Fibel" (1928) und Skizzen und Drucke „Aus dem Bilderbuch Sumatra" (1928) neben Gemälden von Kamelen, Löwen, Elefanten und Marokkanern. Das „Farbtöpfchen" mit vier Sitzplätzen (Wuppertals größter Saal, nur für sittlich Starke!) zeigt vier Temperabilder: Als die Welt von der Inflation und dem Foxtrott geschüttelt wurde, zeichnete Georg Röder ein paar Typen dieser dudelnden, jubelnden und beineverrenkenden Musikanten. Von hier trennt man sich meist erst in den frühen Morgenstunden. Hier werden auch die Feste zur Faschingszeit, „Palettenzauber" genannt, gefeiert, die für die Freunde des Röderhauses eine liebe Gewohnheit geworden sind und an die man sich gerne erinnert.

Die Treppengalerie mit ihren zweiundsechzig Stufen, die vom Parterre bis in den dritten Stock hinaufführt, zeigt rund einhundertfünfzig Arbeiten von Künstlern aus achtzehn Ländern, von denen im Röderhaus Sonderausstellungen gezeigt worden sind: aus Italien, Japan, Spanien, den Niederlanden, Polen, Belgien, Schweden, der Tschechoslowakei, Jugoslawien, Ungarn, der UdSSR, Dänemark, Chile, Österreich, den USA, der Türkei, Rumänien und Deutschland. Diese Galerie ist ständig in Bewegung und zeigt nur einen Teil der Sammlung „R", die insgesamt zweihundertundvierzig Werke von einhundertundachtzehn Künstlern aus aller Welt – ohne die Arbeiten der Röders – umfaßt. Die Verglasung der Fenster in der Treppengalerie stammt von dem Wuppertaler Werner Eckgold.

Bilder der bergischen Künstler Gerd Hanebeck, Karl Hermann (Überholz), Wilfried Reckewitz, Erich Kresse, P. H. Priebe, Klaus Reimers, Walter Wohlfeld, Herbert Wächter, Willi Dirx, Ernst Oberhoff, Wolfgang vom Schemm und Franz Brandau sind hier ebenso vertreten wie Bilder von Otto Dill, Otto Dix, Käte Kollwitz, Ida Kerkovius, Otto Pankok, F. M. Jansen, Robert Wofgang Schnell, Jaroslav Kralik, Nissan Rilov, Alfred Lenica, Joze Ciuha, France Slana, Frank El Punto, Jan Kawamura, Gerardo Rueda, Marcel Delmotte, Stanislaw Krzysztalowski, Joe Subic, Slavi Soucek, Jerzy Tscherzewski und vielen anderen.

An Plastiken und Objekten sind „Georg Röder" von Harald Schmahl (Bronze), „Adolf Röder" von Elfriede Clasen (Bronze), ein „Akt" von Könitzer (Zement), die „Bremer Stadtmusikanten" von E. Bödecker (Eisen, Zement), ein Weißblech-Objekt von Horst Ehlert, eine Ahorn-Plastik von Hans-Jürgen Hiby und eine Eisenplastik von Rien Goene zu sehen. Einmalig ist die Sammlung von zweiunddreißig „Doris-Köpfen" des Bildhauers Wilhelm Hüsgen – die fehlenden fünf Köpfe dieser Serie besitzt das von-der-Heydt-Museum der Stadt Wuppertal.

Den Abschluß der Treppengalerie bildet die Porträtsammlung „Georg Rö-der", der von zwölf Künstlern gemalt worden ist, darunter von Walter Wohlfeld, Paul Pöpel, Erich Kresse, Wilfried Reckewitz, Paul, Adolf und Helmut Röder.

Der Kunstkritiker Dr. Heinrich Hahne hat bei der Eröffnungsrede zur Ausstellung des Türken Oguz Firat treffend gesagt, daß das Röderhaus ehemals viel Platz für Kunst hatte und jetzt so viel Kunst präsentiert, daß kein Platz mehr vorhanden ist. Wer das Röderhaus kennt, wird dem zustimmen müssen.

Durch eine Doppeltür in einem Rundbogen betritt man im ersten Stock das „Studio", das eine kleine Bibliothek beherbergt. Hier und im angrenzenden „Biedermeier-Kabinett" finden Wechselausstellungen statt. Im „Studio" sind zwei barocke Holzplastiken aus Slowenien, ein Schrank aus dem 16. Jahrhundert, eine Sitzmoortruhe (Worpswede) aus dem 18. Jahrhundert, einige barocke Kerzenleuchter und ein wuchtiger Eichenschreibtisch bemerkenswert. Eine Regimentskasse dient vor der einladenden Sitzgarnitur als Tisch.

An das stilechte „Biedermeier-Cabinet" schließt sich einerseits das Schlafzimmer Adolf und Eva Röders, andererseits eine Küche mit bunt-bemalten Bauernschränken aus Süddeutschland und altem bäuerlichen Hausrat an. Hier hängen Hinterglasbilder, Votivbilder auf Holz oder Eisen, Kruzifixe und ein kleiner Barockaltar an den Wänden. Faszinierend die bäuerliche Madonna mit Kind aus Main-Franken, Ende 18.Jhdt. Gern führt Adolf Röder seine Gäste durch das Haus und zeigt ihnen die Schätze, die er und seine Familie in sieben Jahrzehnten zusammengetragen haben.

Im zweiten Stock verschließt eine bergische Stalltür mit einem Abschluß-balken aus dem Jahre 1744 die Wohnung und das Atelier von Helmut Rö-der. In dem großen Wohnraum mit der eingefügten Eßecke aus hellem Naturholz hängen seine letzten Arbeiten, in dem Verbindungsgang zum Schlafzimmer und im Schlafzimmer selbst die frühen Landschaftsbilder und Porträts.

Unter dem spitzen Balkendach im dritten Stock liegt das „Atelier". Der große Raum ist mit Antiquitäten, Bildern aus der Sammlung „R", alten Büchern, Masken aus Afrika und Neuguinea und allerhand Kuriosa angefüllt. Ein ausgedienter Webstuhl ist zu einem Ruhebett umfunktioniert. Hier oben befinden sich auch der Nachlaß Georg Röders mit 3870 Handzeichnungen, Skizzen, Gemälden, Gouachen, Aquarellen, Temperabildern, Plakaten, Etiketten und Bucheinbänden, der Nachlaß Paul Röders und die Bilder und Objekte Adolf und Eva Röders.

Das Atelier Adolf Röders ist durch eine kleine Tür zu erreichen. Ein Dachfenster läßt genug Licht für die Arbeit einfallen. Eva Röder arbeitet an einem großen Tisch des Dachbodens, über den an dieser Seite das „Gästezimmer" gebaut ist, das man über eine schmale Schiffstreppe erreicht. Als freischwebende Empore mit zwei Betten ragt es in den Raum hinein und ist mit einem Schiffsgeländer abgesichert.

Die siebzigjährige Geschichte dieses Hauses in Barmen, das Galerie, Museum, Atelier, Restaurant und Bar zugleich ist, läßt sich anhand der vierzigbändigen von Adolf Röder zusammengestellten Haus-Chronik lückenlos zurückverfolgen. Das Röderhaus ist ein Haus mit Tradition, das mit viel Geschmack einfallsreich eingerichtet ist, ein Haus, in dem man immer wieder neue verblüffende Dinge entdecken kann und interessante Leute trifft, ein Haus, in dem sich Altes und Neues harmonisch verbindet, alte und junge Menschen zu einem Gespräch zusammenfinden und in das man gern zurückkehrt.

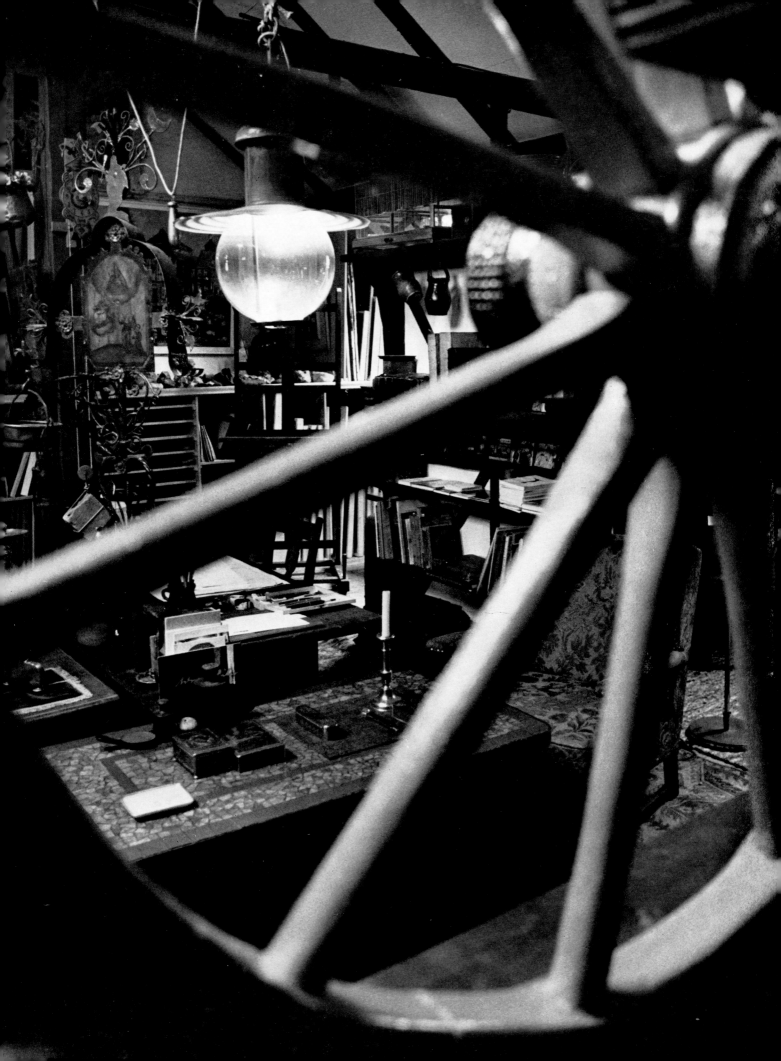

Die Sammlung 'R'

Die Sammlung „R" ist eine ständig wachsende Kunstsammlung. Wird ein Katalog erstellt, ist er bis zur Drucklegung praktisch wieder unvollständig. Dennoch sollen hier die wichtigsten Titel aufgeführt werden. Der größte Teil der Sammlung ist bis jetzt noch in der Treppengalerie zu sehen, doch immer mehr Bilder kommen in die Regale ins Atelier, weil sie im Röderhaus keinen Platz mehr finden. Die Arbeiten der Röders selbst aufzuführen, würde den Rahmen dieses Buches sprengen. Allein von Georg Röder wurden 3860 Titel registriert. Der Nachlaß Paul Röders und die Bilder Eva, Adolf und Helmut Röders sind ungezählt. Die hier im Katalog angegebenen Maße sind als Zentimeter in der Reihenfolge aufgeführt: Höhe vor Breite vor Tiefe. Bei Skulpturen ist jeweils nur die Höhe angegeben.

Adam, Judith
Ungarn
– „Ohne Titel" (1965)
Tempera, 15 x 14,5 (3 Blätter)
Aue, Marianne
Tschechoslowakei
– „Materialbild Nr. 115" (1962)
Holz und Kunstharz, 70 x 24
Bagur, Miguel Rivera
Spanien
– „Ohne Titel" (1963)
Radierung, 38 x 29
Bedra, Paul
Deutschland
– „Weltall" (1963)
Radierung, 12,5 x 17,5
Bel van Küffner, Anna
Deutschland
– „Farbig" (?)
Batik, 81,5 x 76
Bernuth, Max
Deutschland
– „Wambo" (1927)
Radierung, 36 x 26,5
Bitsch, Antonie
Deutschland
– „Geschwister" (1957)
Tempera, 71 x 42
– „I/12" (1969)
Graphik, 30,5 x 21,5
Blau, Günter
Deutschland
– „Flötenspieler" (?)
25,5 x 12,5
Boedecker, Erich
Deutschland
– „Bremer Stadtmusikanten" (1966),
Zement, Holz, Eisen, 133
Bontjes van Beek, Mietje
Deutschland
– „Tempelbild I" (1962)
Mischtechnik, 62 x 90
Brandau, Franz
Deutschland
– „Komposition 8/260" (?)
Werkstoff, Kunstharz, 130 x 70
Brönstedt, Knut
Dänemark
– „Ohne Titel" (?)
Ton, Keramik, 38
de Brée, Lutz
Deutschland
– „Ohne Titel" (1965)
Gouache, 87 x 59

de Carpentier, Jaap
  Niederlande
  – „Verticaal Schildery" (1963)
  Öl, 91 x 60
Ciuha, Joze
  Jugoslawien
  – „Zwei Greislerinnen" (1958)
  Öl, 62 x 50
Clasen, Elfriede
  Deutschland
  – „Der Maler Adolf Röder" (1947)
  Bronze, 37
  – „Eva Röder" (1947)
  Gips, 30
  – „Helmut Röder" (1947)
  Gips, 28
Delmotte, Marcel
  Belgien
  – „L'Humanite en Marche" (1960)
  Öl, 90 x 122
Dicke, Herbert
  Deutschland
  – „Komposition 9/55" (1955)
  Öl, 36 x 26
  – „Gegensätzlich bewegt" (1950)
  Öl, 28 x 58
Eckgold, Werner
  Deutschland
  – „Blut" (1963)
  Glas in Beton, 43,5 x 21,5
  – „Wasser" (1963)
  Glas in Beton, 43,5 x 21,5
  – „Schmuckfenster" (1967)
  Glas in Metall, 55 x 17
van Dijke, Krijn
  Niederlande
  – „Viva la Fiarce" (?)
  Mischtechnik, 59 x 98,5
Dill, Otto
  Deutschland
  – „Pferde" (?)
  Tusche, 10 x 14
Dirx, Willi
  Deutschland
  – „Junges Mädchen" (?)
  Hinterglas, 25 x 17
Dix, Otto
  Deutschland
  – „Selbstbildnis" (1953)
  Bleistift, 45 x 30
  – „Mädchen mit Katze" (1956)
  Farb-Lithographie, 59 x 40
  – „Frau mit Kind" (1949)
  Farb-Lithographie, 46 x 33

− „Comtessa" (1962)
Farb-Lithographie, 64 x 41
− „Mädchen" (1966)
Lithographie, 57 x 45
Dollerschell, Eduard
Deutschland
− „Komposition" (1927)
Öl, 60 x 50
Drewes, Viktor
Deutschland
− „Stilleben" (1950)
Öl, 26,5 x 36,5
− „Harlekin" (1949)
Öl, 45 x 32
Eglau, Otto
Deutschland
− „Industrielandschaft" (1962)
Radierung, 36,5 x 47
Ehlert, Horst
Deutschland
− „Ohne Titel" (1970)
Weißblechobjekt, 67,5 x 76 x 26
El Punto, Frank
Spanien
− „Werknummer 6333" (?)
Öl, 130 x 97
− „Ohne Titel" (?)
Zeichnung, 48,5 x 31,5
Erengönül, Sabiha
Türkei
− „Ohne Titel" (1966)
Bleistift, 23,5 x 20,5
Fathwinter (Fred A. Th. Winter)
Deutschland
− „3/5-I" (1962)
Materialdruck, 40 x 41
− „104/300/60" (1960)
Holzschnitt, 23 x 15,5
Firat, Oguz
Türkei
− „Der Spaßmacher Schmetterling"
(1967 − 69), Tempera, 49 x 68
Fischer, Cuno
Deutschland
− „Spiritual" (1951)
Holzschnitt, 44 x 31
Flashar, Bruno
Deutschland
− „Kakteenfreund" (1926)
Öl, 40 x 60
Flake, Kriemhild
Deutschland
− „irgendwann − irgendwo" (1968)
Öl, 100 x 80

Flögerhöfer, Paul
Deutschland
– „Zitherspielende Hände" (1944)
Bleistift, 42 x 49,5
– „Georg Röder" (1944)
Bleistift, 50,5 x 38,5
Friedrich, Karl Fritz
Deutschland
– „Blau-graue Versammlung" (?)
farbiger Linolschnitt, 29 x 36,5
Friege, Heinz
Deutschland
– „Nacht der Liebenden" (1954)
Holzschnitt, 62 x 44,5
– „Eva" (?)
Holzschnitt, 73 x 19
Gauchel, W.
Deutschland
– „Und neues Leben blüht
aus den Ruinen" (1947)
Holzschnitt, 27 x 20
Goené, Rien
Niederlande
– „Mondfrosch" (?)
Eisenplastik, 130,5
Götte, Alfred
Deutschland
– „Kosmisches" (1969)
Monotypie, 80 x 65
Gonzales-Tornero, Sergio
Chile
– „Epreuve D'Artiste" (1960)
farbige Radierung, 39 x 39,5
Hahn, Ernst
Deutschland
– „Lumpensammlerin" (?)
Gips, 31
Hanebeck, Gerd
Deutschland
– „Isni I" (1961)
Tempera, 57 x 42
– „Otosa-Tryptichon" (1963)
Kunstharz und Werkstoff, 105 x 160
– „Ohne Titel" (?)
Kunstharz, 35 x 49,5
– „Ohne Titel" (1966)
Kunstharz, 70 x 50
– „Verwundete Figur" (1969)
Kunstharz, 70 x 98
– „Isni II" (1961)
Gouache, 56 x 41
– „Isni III" (1961)
Gouache, 56 x 41
„Antifigur" (1969)

Gouache, 70 x 50
 – „Figur I" (1962)
Lithographie 3/8, 28 x 19
 – „Doppelfigur" (1963)
Radierung, 33 x 25
 – „Figur IV" (1964)
Federzeichnung, 49,5 x 35
 – „Zur Figur" (1963)
Radierung 2/5, 15 x 10
 – „Zur Figur" (1963)
Radierung 3/5, 15 x 10
 – „Zumbo" (1961)
Lithographie 1/4, 39 x 25,5
 – „Zeichnung 4" (1968)
Federzeichnung, 28 x 27
 – „Antifigur" (1967)
Radierung, 56 x 35
 – „Landschaftliche Figur" (1965)
Federzeichnung, 46,5 x 34
 – „Figurenplan" (1968)
Gouache, 70 x 35
 – „Figur im Raum" (1970)
Lithographie, 20 x 20
 – „Figur in Landschaft" (1969)
Gouache, 100 x 70
Harding, Robert
 USA
 – „Ohne Titel" (1965)
 Tusche laviert, 61 x 43
Hegemann, Josef
 Deutschland
 – „Materialbild" (?)
 Kunstharz und Werkstoff, 99 x 69
 – „Frau" (1951)
 Kohle, 48,5 x 36
Heimann, Theo
 Deutschland
 – „Figuren" (1969)
Federzeichnung, 62,5 x 45
 – „Hockende" (1969)
 Federzeichnung, 62 x 86
Held, Herlinde
 Deutschland
 – „Zirkus" (?)
 Federzeichnung, 13 x 21
Held, Fritz Wilhelm
 Deutschland
 – „Composition" (1962)
 Öl, 118 x 88
Hendel, Josef
 Deutschland
 – „Die Schenke" (1962)
 Tusche, 45 x 31
 – „Landau im Faunskostüm" (1964)

Federzeichnung, 45 x 31,5
– „Das ist nicht Dürers
berühmtes Rasenstück" (1968)
Federzeichnung, 45 x 31,5
– „Extrait du Progres Verbat" (1962)
Federzeichnung, 31,5 x 45,5
– „1/70" (1965)
Graphik, 37,5 x 27
– „Les Saintes Maries" (1955)
Radierung, 43 x 31

Hiby, Hans Jürgen
Deutschland
– „Vernismon" (1966)
Radierung, 41 x 31,5
– „VII/69" (1969)
Monotypie, 28,5 x 21
– „Negroide" (1967)
Ahornplastik, 120

Hoffmann, Alfred
Deutschland
– „Ohne Titel" (1969)
Aquarell, 34,5 x 49,5

Honermann, Hermann
Deutschland
– „Komposition" (1961)
Mischtechnik, 15,5 x 28

Horn, Josef
Deutschland
– „Straßenbild" (?)
Federzeichnung, 11,5 x 26,5

Hüsgen, Wilhelm
Deutschland
– „Großer weiblicher Torso" (1908)
Bronze, 48
– „Flache Maske" (?)
Bronze, 23
– „Relief-Rücken" (?)
Bronze-Platte, 62,5 x 24,5
– „Stehende" (?)
Bronze, 24,5
– „Dorisköpfe" (bis 1958)
27 Bronzeköpfe, 4 Gipsköpfe,
– „Dorisköpfe, 4 Gipsköpfe,
1 Hochrelief, ca. 35
– „Doris-Relief" (?)
Bronze, 50 x 34
– „Tilly Lorenzen als Braut" (1917)
Bronze-Relief, 37 x 30
– „Kamel" (?), Bronze, 28,5
– „Weibliche Maske" (?)
Bronze, 29
– „Flache Büste" (?)
Bronze, 30,5
– „Kopf meiner Frau" (1948)

– „39-30-5" (1960)
Öl, 74 x 100
Lehmann, Joachim
Deutschland
– „Frauenkopf" (?)
Monotypie, 44,5 x 39
Lehmann, Käte
Deutschland
– „Variete" (?)
Siebdruck 65/46, 67 x 47
– „In Marakesch" (?)
Siebdruck 8/7, 51,5 x 74
– „Ohne Titel" (?)
Siebdruck, 44 x 60
– „Im Wind" (1970)
Siebdruck mit Malerei, 115 x 85
– „Tanzstudie" (?)
Siebdruck, 35 x 40
Leithäuser, Alfred
Deutschland
– „Tulpen" (?)
Aquarell, 46 x 28
Lenica, Alfred
Polen
– „Sprawca Moralny" (1958)
Öl, 91 x 72
– „Ohne Titel" (?)
Collage, 35 x 26,5
– „Sen W Wuppertal" (1967)
Mischtechnik, 62 x 45
Löffert, Irmhild
Deutschland
– „Set Z 5" (1970)
Collage, 49 x 70
– „Ohne Titel" (1969)
Monotypie, 27 x 36,5
Makuc, Vladimir
Jugoslawien
– „Ohne Titel" (?)
Holzstich, 15 x 23,5
Mermagen, Julius
Deutschland
– „Disteln" (1950)
Aquarell, 33,5 x 25,5
Nielsen, Hasle
Dänemark
– „Materialbild" (?)
Kunstharz und Werkstoff, 64 x 84
Ober, Hermann
Deutschland
– „Komposition" (1955)
Kunstharz, 17 x 23
– „Komposition" (1958)
farbiger Linolschnitt, 45 x 34,5

Oberhoff, Ernst
  Deutschland
  – „Ohne Titel" (?)
  Serigraphie, 47,5 x 60
  – „Landschaftliches" (1951)
  Lithographie 3/7, 40 x 62
  – „Die Aora der Oase Gabés" (?)
  Lithographie 11/17, 62 x 48
Ott, Harry
  Deutschland
  – „Georg Röder" (1949)
  Rötel, 30,5 x 22
Pankok, Otto
  Deutschland
  – „Hahn" (?)
  Holzschnitt, 39 x 20
di Patti, Francesco
  Italien
  – „Reazione con il giallo" (1962)
  Öl, 100 x 100
Peters, Ernst
  Deutschland
  – „Komposition" (1970)
  Gouache, 53 x 73
  – „Ibiza-Impressionen" (1970)
  farbige Zeichnung, 20 x 26
  – „Two men in a boat" (1965)
  Lithographie, 21 x 30
Pelz
  Deutschland
  – „241-63" (?)
  Graphik 18/20, 21 x 14,5
Pöpel, Paul
  Deutschland
  – „Niederrhein" (1955)
  Aquarell, 33,5 x 48
  – „Zigeuner" (1929)
  Lithographie, 32,5 x 25,5
  – „Kirche" (1957)
  Zeichnung, 37 x 28
  – „Kollege im Bett" (1956)
  Mischtechnik, 47 x 60
  – „Angler" (1964)
  Bleistift, 21 x 29,5
  – „Karussellpferd in der Palette" (1964)
  Bleistift, 36 x 48
  – „Schiff" (1965)
  Zeichnung, 49 x 62,5
  – „Georg Röder" (1954)
  Aquarell, 50,5 x 32,5
Portenat, Jeane
  Belgien
  – „La Folle Chevauchée" (?)
  Öl und Lack, 50 x 100

Priebe, Hans P.
  Deutschland
  – „Ohne Titel" (1966)
  Hinterglas, 16,5 x 11
  – „Ohne Titel" (1958)
  Glasfenster, 39 x 39
  – „Ohne Titel" (1969)
  Hinterglas, 32 x 17,5
  – „Zwei Frauen" (1955)
  Hinterglas, 30 x 24
  – „2/15" (1963)
  Plastikdruck, 24,5 x 35
  – „1/10" (1963)
  Plastikdruck, 42,5 x 32
  – „5/20" (1967)
  Graphik, 17 x 10,5
  – „1/15" (1962)
  Plastikdruck, 50 x 36
  – „Schwedische Landschaft" (1956)
  Monotypie, 20 x 61
Pütter, Helwig
  Deutschland
  – „Gattierung" (1964)
  Öl, 59 x 89
Reckewitz, Wilfried
  Deutschland
  – „Masten" (1960)
Harzfarben, 18 x 50
– „Komposition vor Rot" (1958)
Aquarell und Tusche, 24,5 x 17
– „Akt" (1958)
Öl, 60,5 x 30,5
– „Regentag" (?)
Tusche, 43 x 29
– „Straßenbild" (?)
Aquarell, 20 x 11,5
– „Ohne Titel" (?)
Tusche, 17 x 41
– „Masten" (1959)
farbiger Holzschnitt 17/20, 34 x 66
– „Landschaft" (1945)
Aquarell, 46 x 62
– „Masten" (1959)
Lithographie, 74 x 46,5
– „Landschaft" (1957)
Siebdruck 36/60, 61 x 37,5
– „Rufende" (1948)
Siebdruck 5/27, 63,5 x 77
– „Maler Schall" (?)
Öl, 68 x 48
– „Porträt A. Sch." (1958)
Holzschnitt 19/60, 47 x 35,5
– „Ohne Titel" (?)
Holzschnitt, 14 x 13

– „Ohne Titel" (?)
Holzschnitt, 14,5 x 14
– „Georg Röder" (1952)
Öl, 78,5 x 59
Rehm, Kurt
Deutschland
– „Ohne Titel" (1970)
Collage, 53,5 x 43
Reimers, Klaus
Deutschland
– „Farbiger Kopf" (1960)
Tempera, 60,5 x 47
– „Pfingstbotschaft" (1959)
Linolschnitt, 82 x 57,5
– „Häuser" (1963)
Linolschnitt, 61,5 x 98
– „Tag der Kunst" (1955)
Linolschnitt, 55 x 49
– „Der Kunstmaler" (1968)
Federzeichnung, 43,5 x 30
– „Ohne Titel" (?)
Linolschnitt, 57 x 31
– „Mettmänner" (1963)
Linolschnitt, 38 x 46,5
– „Ein blühendes Vereinsleben" (1967)
Federzeichnung, 35,5 x 34,5
Reinhold, Harald
Dänemark
– „Sumpf" (1962)
Öl, 54 x 59
– „Ohne Titel" (?)
Öl, 38 x 45
– „Ohne Titel" (?)
Öl, 42 x 33,5
– „Ohne Titel" (?)
Mischtechnik, 42 x 33,5
– „Ohne Titel" (?)
Graphik, 17 x 23,5
Ricci, Nino
Italien
– „Tavola sacra Nr. 2" (1965)
Tempera, 150 x 60
Rilov, Nissan
UdSSR
– „Ohne Titel" (?)
Collage, 20 x 32,5
– „Ohne Titel" (1969)
Collage, 61,5 x 49
Rueda, Gerardo
Spanien
– „Mediteranei" (1959)
Öl, 81 x 65
Salomon, Karl
Deutschland

– „Bergischer Fichtenwald" (1939)
Öl, 62,5 x 47,5

Sauer-Wieth, Irmin
Deutschland
– „Hindernis" (1970)
Collage, 70 x 95

Sebök, Lajos
Ungarn
– „Akt" (?)
Öl, 27 x 22

Sensen, Wil
Deutschland
– „Anatol" (1960)
Lithographie, 31 x 40
– „Ohne Titel" (1965)
Mischtechnik, 65 x 50
– „Ohne Titel" (1966)
Federzeichnung, 41,5 x 29,5
– „Ohne Titel" (1969)
farbige Zeichnung, 45 x 62
– „Ohne Titel" (1965)
Tusche, 70 x 51
– „Ohne Titel" (1965)
Siebdruck, 64,5 x 49

Slana, France
Jugoslawien
– „Landschaft" (?)
Öl, 23,5 x 48
– „Der rote Hahn" (1953)
Öl, 42 x 66

Sluytermann von Langenwerden, Georg
Deutschland
– „Trinker" (1969)
Lithographie, 38 x 27

Sosnowski, Kajetan
Polen
– „Rotes Bild" (1958)
Öl, 61 x 27

Soucek, Slavi
Österreich
– „Ohne Titel" (1967)
Prägedruck, 15,5 x 11,5

Subic, Ive
Jugoslawien
– „Meine Tochter" (?)
Öl, 41 x 28,5
– „Landschaft mit Mond" (1960)
Öl, 24,5 x 30
– „Der Trinker" (1960)
Mischtechnik, 92 x 54
– „Bauer" (1960)
Mischtechnik, 29 x 23

Schall, Lothar
Deutschland

– „Georg Röder" (1952)
Öl, 59 x 39
vom Schemm, Wolfgang
Deutschland
– „Ohne Titel" (1951)
Monotypie, 75 x 49,5
Schmahl, Harald
Deutschland
– „Georg Röder" (?)
Bronze, 37
– „Eva Röder" (?)
Gips, 37
Schmetz, Martha
Deutschland
– „Pferde" (?)
Pinselzeichnung, 22,5 x 28,5
Schmitz, Peter
Deutschland
– „Ohne Titel" (1970)
Druckgraphik, 64 x 46
Schnell, Robert Wolfgang
Deutschland
– „Fröhlicher Mann" (1958)
Öl, 100 x 45
Schreiner, Karl Moritz
Deutschland
– „Akt" (?)
Gips, 64
Schultze-Froitzheim, Hannes
Deutschland
– „Adolf Röder" (1927)
Bleistift, 37,5 x 24,5
– „Akzente" (1969)
Kunstharz, 111 x 111
– „Tierfamilie" (?)
Linolschnitt, 23,5 x 38
Toussaint, André
Belgien
– „Eber" (1958)
Holzstich, 34 x 45
Tscherzewski, Jerzy
Polen
– „Vision" (1958)
Monotypie, 75 x 54
Vogt, Lisa
Deutschland
– „Landschaft in Mazedonien" (?)
Marmorschnitt, 33,5 x 38
– „Landschaft in Mazedonien" (?)
Marmorschnitt, 26 x 49
Wächter, Herbert
Deutschland
– „Ohne Titel" (1967)
Tusche, 17,5 x 17,5

– „Cuxhaven" (1970)
Tusche, 42 x 26
– „Schächingen" (1968)
Tusche, 37 x 28,5
– „Markt" (?)
Tusche, 25,5 x 33,5
– „Innenhof des Röderhauses" (1967)
Tusche, 50 x 40 (5 Blätter)
Weber, A. Paul
Deutschland
– „Die Sünderin" (?)
Lithographie, 43 x 58,5
Weber, Otto Friedrich
Deutschland
– „Spanische Landschaft" (?)
Öl, 99 x 114
Weber, Willy
Deutschland
– „Georg Röder (1940)
Bleistift, 19 x 24
Werner, Lambert
Schweden
– „Beerdigung des Papstes" (1963)
Materialbild, 66 x 98
Wessel-Stuttgart
Deutschland
– „Landschaft" (1951)
Aquarell, 42 x 59
Winning
Deutschland
– „Kopf in Blau: Paul Röder" (?)
Gips, 40
Wohlfeld, Walter
Deutschland
– „Eva mit Hut" (1951)
Aquarell, 51 x 31
– „Eva Röder" (1951)
Aquarell, 47 x 30
– „Adolf Röder" (1951)
Aquarell, 46 x 32
– „Eva Röder" (?)
Aquarell, 47 x 30
– „Georg Röder" (1953)
Aquarell, 59 x 48
– „Selbstbildnis" (1960)
Lithographie, 59 x 42
– „Ernst Deutsch" (1963)
Lithographie 25/18, 56,5 x 44
– „Georg Röder" (1958)
Gouache, 37,5 x 28
– „Georg Röder" (?)
Aquarell, 60 x 45
– „Ecce homo" (1963)
6 Lithographien, 85 x 62

– „Georg Röder" (1958)
  Gouache, 59 x 45,5
Zimmermann, Walter
  Deutschland
  – „Ohne Titel" (1957)
  farbiger Linolschnitt, 30,5 x 40,5
Unbekannter Meister
  Deutschland
  – „Interieur" (Anfang 19. Jahrhundert)
  Öl, 47 x 34
Unbekannter Meister
  Deutschland
  – „Moses mit den Gesetzestafeln"
  (2. H. 18. Jahrhundert)
  Öl, 66 x 52